NOTE

UN APPENDICE HÉRALDIQUE

AJOUTÉ

A DE VIEILLES ARMOIRIES

LE BLANC

IMPRIMERIE A. DE SAINT-THIBAULT, LIBRAIRE

1874

POURQUOI  CETTE NOTE

En me félicitant sur l'acte gracieux par lequel N. S. P. le PAPE PIE IX avait daigné ajouter à mes armoiries héréditaires le *cimier au pennon de Mentana*, un de mes vieux amis de la Société des Antiquaires de l'Ouest, M. M....., m'écrivait le 8 novembre 1869 : « Certes ! voilà un cimier bien préférable aux têtes de lions, griffons, cerfs, licornes et « autres de pareille espèce qu'on trouve au-dessus de bien des écussons. *Vous consigne-* « *rez sans doute ceci dans les archives de votre famille*, et vos descendants *y trouveront* « la mention du fait honorable qui a motivé cette addition d'insignes héraldiques et la « manière *spéciale* dont elle a été accordée, ce qui en augmente encore le prix. »

Or, la lettre de l'éminent cardinal Pitra qui avait daigné me faire connaître, après l'avoir obtenu, le bienveillant *octroi* du SAINT-PÈRE, cette lettre, que je gardais précieusement pour la léguer à mes descendants non-seulement comme un titre d'honneur, mais aussi comme une loi imposant de plus grands devoirs à leur reconnaissance particulière envers la Papauté, cette lettre, dis-je, a été, hier, à moitié consumée avec d'autres papiers importants par l'étincelle d'une bougie mal éteinte.

Cet accident m'a inspiré la pensée de rédiger la présente Note, note tout intime et que je destine exclusivement à ma famille et à quelques archives spéciales.

Par elle, je veux prévenir, autant que possible, les conséquences graves que pourrait entraîner la perte ou la destruction complète, et peut-être alors irréparable, du document unique sur lequel s'appuient l'authenticité du fait qu'il constate et le *droit* qui n'a d'autre base aujourd'hui que ce monument trop fragile.

A cette Note j'ajouterai deux pages dont je suis heureux, grâce au merveilleux procédé de fidèle reproduction dû à un ingénieux artiste (M. Gillot), de pouvoir léguer à mes enfants autre chose qu'un simple exemplaire.

L'une de ces compositions, — la dernière que mes yeux fatigués demanderont à ma main désormais trop peu sûre, — est empruntée, dans son ensemble comme dans ses détails, 1° au *Dictionnaire des Familles de l'ancien Poitou*, 2° au *Mémoire historique et généalogique sur la famille Goudon de la Lande des comtes de l'Héraudière*, ouvrages où se trouve, dans un texte appuyé lui-même sur des preuves irréfragables, la justification de tout ce que résume cette page, à la fois *héraldique* et *généalogique*.

Quant à l'autre composition, confiée à la plume, alors encore un peu novice d'une élève chérie, qui l'offrait à son frère en souvenir de Mentana, elle avait sa place tout naturellement marquée dans l'œuvre paternelle inspirée par le grand honneur que nous devons à cette journée mémorable.

Saint-Hilaire, 6 février 1874.

comtes de l'Hérault
MENTANA
RECTE SEMPER
Rome 5 oct. 1869.

« D'azur à la fasce d'argent chargée de trois étoiles de gueules. »

Telles étaient, avant le 5 d'octobre 1869, en suite des confirmations de noblesse de 1667, les armoiries de la famille de Chergé dans toutes ses branches existantes.

Depuis le 5 d'octobre 1869, la branche de Chergé-de Ladmirault ajoute à ces armoiries héréditaires : « Pour *cimier* une main dextre, de carnation, tenant en pal un drapeau « déployé aux couleurs pontificales, parti jaune et blanc, le parti blanc troué, en pointe, « d'une balle, et à sa *devise* « *Rectè semper*, » le cri de guerre de *Mentana.* »

Pourquoi, à quelle occasion, en vertu de quel droit cette double addition si importante a-t-elle eu lieu ? Telles sont les questions auxquelles va répondre le texte suivant :

MENTANA
RECTE SEMPER

Au lendemain de Mentana, le 17 novembre 1867, je recevais de M. l'abbé D....., curé
à R......., au diocèse d'Angoulême, une lettre de félicitations. Mon gracieux correspondant
venait de lire dans les gazettes que mon fils aîné avait « eu l'honneur de porter vaillam-
« ment, dans ce combat, le drapeau des zouaves pontificaux, etc. Ce sont là, » disait-il, « de
« glorieux faits à *enregistrer dans les fastes intimes de la famille ;* c'est aussi une large
« compensation à vos angoisses paternelles ; c'est, enfin, *pour votre blason,* l'occasion
« toute naturelle d'un *magnifique appendice ;* mais je n'oserais vous garantir l'assenti-
« ment de la chancellerie d'aujourd'hui..... »

Ce fut cette lettre amicale qui m'inspira la première pensée de demander directement
au Saint-Père l'octroi de ce « magnifique appendice, » dont rien au monde ne pouvait, à
mes yeux, égaler la valeur.

Et, après avoir caressé, pendant de longs mois, cette pensée, sans oser tenter de la
réaliser, ne sachant trop comment et par quelle voie la faire parvenir, sous la forme
d'une respectueuse prière, jusqu'aux pieds de Sa Sainteté, je me décidai enfin à la
confier à la bienveillante discrétion de l'éminent cardinal Pitra, que ses relations poitevines et de hautes amitiés communes avaient déjà désigné, dans d'autres graves circon-
stances, à mon cœur paternel.

Ma supplique à S. S. le Pape Pie IX était conçue en ces termes :

« Très-Saint-Père,

« En offrant à Votre Sainteté l'humble et respectueux hommage de ma muse recon-
« naissante (1), je la supplie de vouloir bien agréer cet hommage avec l'indulgence
« paternelle qui accueillait naguère mes modestes travaux sur l'*Hagiographie poitevine* (2),
« et je prie Votre Sainteté de daigner m'accorder une faveur à laquelle j'attache un prix
« inestimable.

« Mon fils aîné, Georges, ce fils que Votre Sainteté a daigné récompenser de ses
« services militaires en lui conférant la croix de Pie IX, s'est engagé aux zouaves pontifi-
« caux, à l'âge de 19 ans, au moment même où son jeune frère s'éteignait, à 17 ans,
« dans mes bras ; il a eu le bonheur, pendant les quatre années et demie de service de
« son premier engagement, de se trouver à la seule affaire qui ait eu lieu à cette époque
« (Ceprano), et d'assister, au camp de Porto d'Anzzio, à la remise par Votre Sainteté
« du drapeau confié à vos fidèles zouaves et qu'il devait lui-même porter plus tard.

(1) A l'occasion de la croix conférée à mon fils aîné. — *V.* ces vers, page 13.

(2) *Vies des Saints du Poitou* et *Histoire des Congrégations religieuses poitevines,* dont le Saint-Père a daigné
accepter l'hommage par ses lettres du 16 septembre 1857, reçues des mains de Mgr Baillès, ancien évêque de Luçon.

« Rentré, avec congé définitif, au foyer paternel, il le quitta dès que ce drapeau lui
« parut menacé, et il se rendit à Rome la veille du jour où les troupes françaises, aban-
« donnant la Ville-Eternelle, la livraient à de lâches convoitises. Il y reprit le fusil de
« simple soldat, et quand s'ouvrit la mémorable campagne de 1867, étant resté au poste
« que la prévoyante parole de l'illustre évêque de Poitiers lui avait dit être le poste du
« devoir parce qu'il allait être bientôt celui du danger, il était adjudant sous-officier. Il
« prit part aux rudes fatigues de cette lutte périlleuse si pleine d'angoisses pour mon
« cœur, et assista notamment à l'affaire de Nérola aux côtés de son chef bien-aimé.

« Enfin, la veille de Mentana, ce fut « à lui qu'on fit l'honneur de confier le drapeau
« des zouaves qui a été percé d'une balle pendant la bataille (1). »

« Très-Saint Père, cet honneur qui sera, quoi qu'il advienne, l'éternel honneur de
« ma race, mon cœur de père supplie humblement le cœur paternel de Votre Sainteté
« de me permettre d'en léguer le souvenir, avec un signe sensible et à jamais irrépu-
« diable, aux héritiers de mon sang et de mon nom, en le constatant *héraldiquement,*
« ainsi que cela se pratiquait autrefois si justement en faveur des familles dont un
« membre avait eu le bonheur de se signaler dans une circonstance mémorable.

« Dans cette pensée, Très-Saint-Père, je supplie très-humblement Votre Sainteté de
« daigner m'autoriser à prendre désormais, pour cimier des armes que mes ancêtres
« m'ont transmises, une main droite portant haut le drapeau aux couleurs pontificales
« tel qu'il a été troué par la balle du 4 novembre 1867, et d'ajouter à ma devise aimée
« *Rectè semper,* » le cri de guerre héraldique de « Mentana. »

« Ce cri rappellerait à mes descendants, — si jamais ils pouvaient l'oublier, — que
« le plus sûr, le seul moyen, pour eux, de marcher « toujours droit, » sera de suivre et
« de défendre toujours le drapeau du Pontife-Roi, ce drapeau qui est et qui sera toujours
« le drapeau de l'Eglise, le drapeau de Dieu.

« Daigne Votre Sainteté accueillir favorablement mon humble prière, et agréer
« l'hommage profondément respectueux du plus soumis et du plus dévoué de ses fils.

« Saint-Hilaire-en-Bélâbre (Indre), au diocèse de Bourges, le 25 mars 1869. »

La lettre personnelle adressée le même jour à S. E. le cardinal Pitra renfermait,
entr'autres choses, impossibles dans ma supplique au Saint-Père, les détails suivants :

« Certes ! Votre Eminence sait mieux que moi, qu'en France, sous le régime actuel,
« et en l'absence de toute réglementation légale des droits de la noblesse, en ce qui
« touche à *l'héraldique,* rien ne me serait facile comme d'ajouter à mes armes le *cimier*
« au « drapeau pontifical » et le cri de guerre de « Mentana ; » nul n'aurait à y voir,
« nul à y reprendre, et nul, du reste, n'en aurait souci..... Mais Votre Eminence me
« comprendra *intùs et in cute,* quand elle me verra demander au Saint-Père de daigner
« ajouter au modeste blason rapporté peut-être de la croisade du XIe siècle (2) un signe
« de noblesse catholique conquis par le croisé de 1867 au service du Roi de la catholicité.

(1) Texte emprunté à la lettre du baron de Charette, du 23 novembre 1867. — *V.* à l'Appendice, page 12.

(2) *Aimericus de Chergé* signe le premier comme témoin en la charte de fondation d'une rente de 8 boisseaux
de froment en faveur de l'abbaye de Noyers. — Cartulaire original de l'abbaye, f° 209, recto, *ad ann. 1098.*

« Du reste, je ne demande point que le Saint-Père m'octroie cette faveur souhaitée,
« avec l'appareil de la puissance royale ; il me suffira d'un *simple mot de consentement*
« confié à Votre Eminence, et ce mot béni sera pour moi la récompense au centuple de
« mon obscur dévouement. Ci-après une épreuve d'une gravure ancienne de mes armes.

« Voici maintenant, mis en harmonie avec elles, un croquis des *appendices héraldiques*
« objet de ma demande, afin de faire saisir ma pensée mieux encore que par de longues
« descriptions, inutiles, du reste, je le sais, à la profonde science de Votre Eminence.

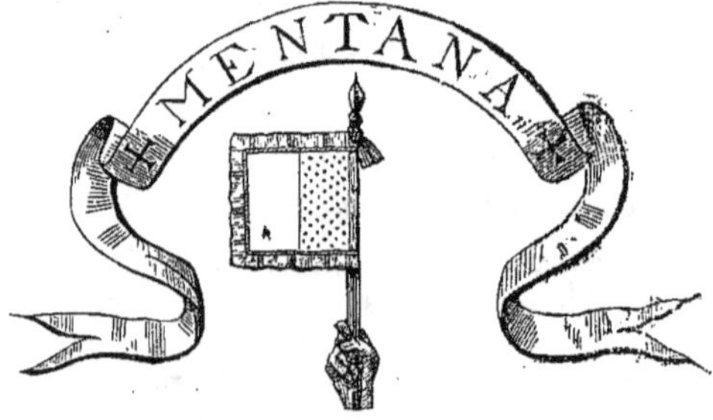

« Et je finis par cette citation de notre Wulson de la Colombière : « Les cimiers se
« prennent pour quelques raisons et causes particulières ayant un sens mistique caché
« sous leur figure par lequel ceux qui les portent veulent désigner quelqu'action remar-
« quable ou autre chose très-considérable à lui ou à sa famille ou à son pays. » *(La Science
héroïque*, édit. 1644, p. 410.)

« Les aveugles, n'est-il pas vrai, seraient les seuls à ne pas voir, dans le fait de
« Mentana, une chose très-considérable pour l'individu, pour la famille, pour le pays.....»

Au mois d'octobre suivant, Son Eminence daignait m'adresser une lettre dans laquelle, après avoir indiqué les causes du retard éprouvé par sa réponse, l'éminent cardinal s'exprimait ainsi :

> ....J'ai profité d'une des audiences plus libres de cette saison pour mettre sous les yeux de sa sainteté vos nouvelles armes et expliquer d'un mot votre pensée. Avec son indulgente bonté, Sa Sainteté a tout accueilli en bénissant votre très honorée famille, et le noble porte drapeau de mentana........
>
> J.-B. Card. Pitra
>
> Rome 5 oct. 1869.

Et voilà pourquoi, depuis lors, les très-modestes armoiries héréditaires du simple gentilhomme français se trouvent enrichies du « cimier au pennon de Mentana (1). »

Ces armes, selon les *lois rigoureuses* de la vieille héraldique — fort généralement observées aujourd'hui — se blasonnent *régulièrement* ainsi :

« D'azur à la fasce d'argent chargée de trois étoiles de gueules ; *timbre*, heaume de gentilhomme ancien non titré, qui est d'acier poli, montrant cinq grilles, les bords d'argent, posé en profil et orné du bourrelet d'argent d'azur et de gueules, avec lambrequins aussi d'argent d'azur et de gueules ; *cimier*, une main dextre de carnation, naissant du bourrelet du timbre et tenant en pal un drapeau déployé aux couleurs pontificales, parti jaune et blanc, le parti blanc troué en pointe d'une balle ; *devise*, Rectè semper ; *cri de guerre*, Mentana. »

---

(1) « Grâces à vous, l'exilé de Ligugé peut revoir sa bonne ville de Poitiers, et à travers nos barreaux, je puis saluer vos monuments anciens et nouveaux, en oubliant moins que tout autre chose le *pennon de Mentana.* » — lettre de S. E. le cardinal Pitra, datée de Saint-Callixte, à Rome, le 5 août 1872, à propos du *Guide du Voyageur* à *Poitiers*, 3e édition, sur la couverture duquel ont été imprimées pour la *première fois* ces armoiries.

Mais comme l'octroi qui m'a été fait est essentiellement *particulier* à ma race, j'indiquerai ici ce *point de départ* nécessaire par le blason — personnel celui-là — que m'attribue mon alliance avec un nom dont je suis fier, non pas seulement parce qu'il est *glorieux*, mais *surtout* parce qu'il est *honoré*.

Et de là, l'écu ci-après : « Mi-parti de Chergé et de Ladmirault (ce dernier de gueules « à l'ancre d'argent, au chef chargé de deux sceptres aussi d'argent posés en sautoir). »

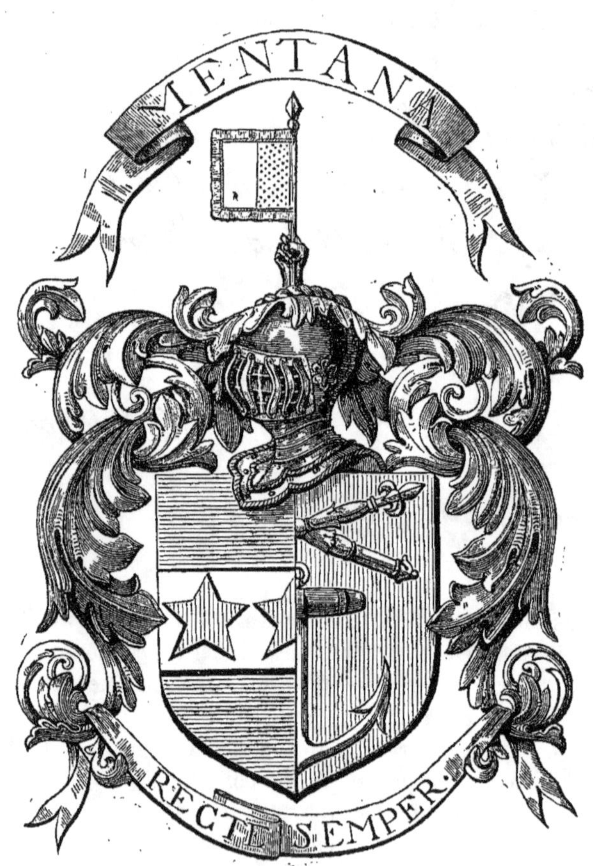

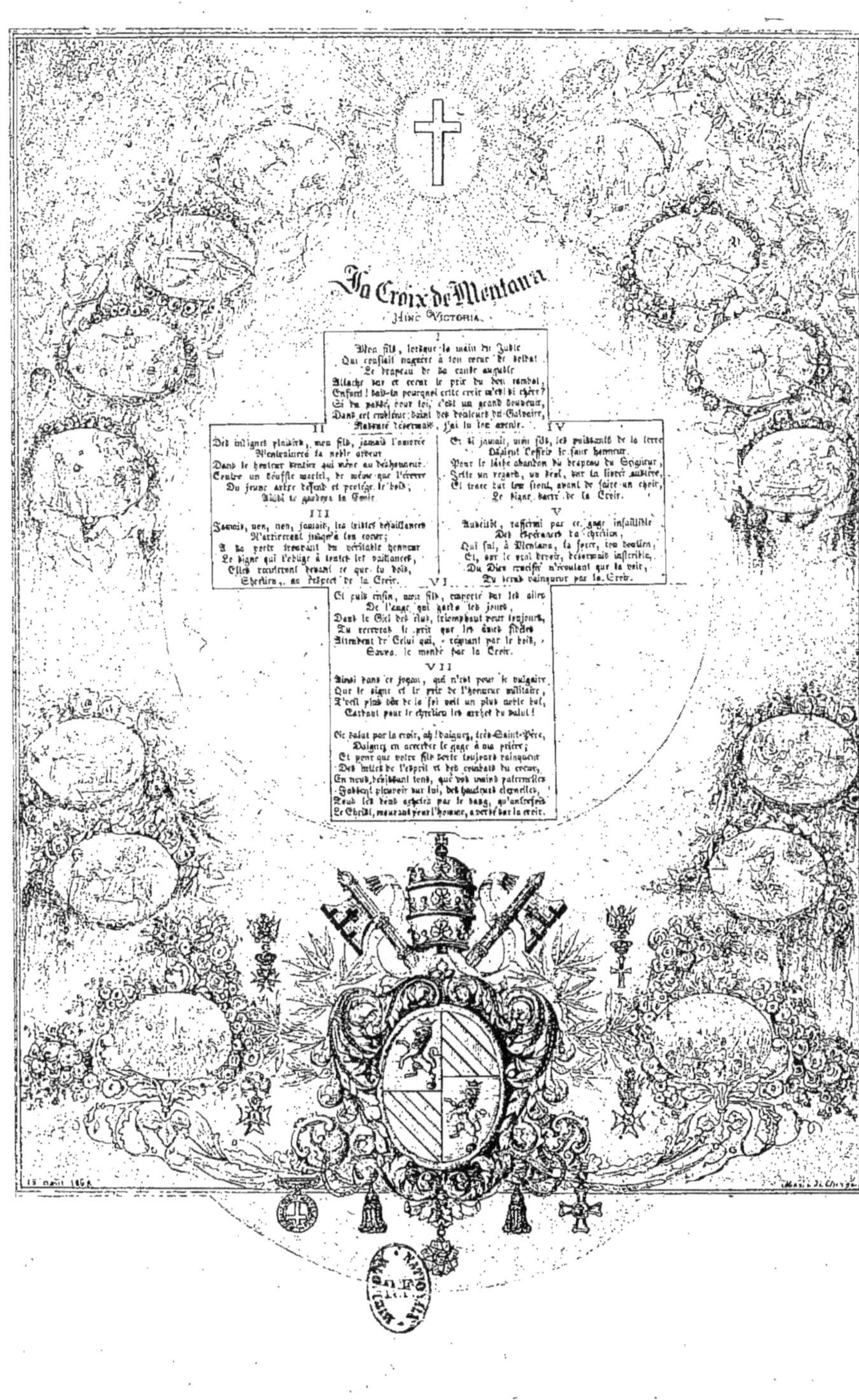
La Croix de Mentana
Hinc Victoria

APPENDICE

En reproduisant ici une partie de la lettre que j'eus l'honneur de recevoir du colonel baron de Charette, après Mentana, je ne cède pas seulement à un sentiment de légitime fierté paternelle, j'obéis surtout à une nécessité.

1° C'est une *citation textuelle* de cette lettre qui, dans ma supplique au Saint-Père, a servi de base à la demande de l'octroi de la concession héraldique du *cimier* au drapeau pontifical percé de la balle de Mentana ;

2° Le silence absolu que l'*ordre* du 9 décembre 1867, adressé au régiment des zouaves pontificaux, a gardé sur la *blessure* de son drapeau, — cette blessure à laquelle « applaudissaient » les plus braves et les plus compétents (1), — ce silence, dis-je, quoi qu'étant le résultat d'une simple omission involontaire et regrettée, pourrait laisser planer sur la réalité d'un fait, non-seulement honorable, mais *essentiel* en tout ceci, un doute inacceptable et que ne permettra plus le texte ci-après.

Ce texte était donc ici doublement nécessaire !

« Rome, ce 23 novembre 1867.

« Monsieur, vous aurez reçu, je l'espère, la dépêche (2) que je vous ai envoyée après l'affaire de Mentana pour faire cesser l'inquiétude dans laquelle vous plongeait l'absence de nouvelles de Georges, et vous annonçant qu'il était sain et sauf. Ce que je ne vous ai pas encore dit, c'est qu'il a fait noblement son devoir. *C'est à lui qu'on avait fait l'honneur de confier le drapeau qui a été percé d'une balle pendant la bataille.*

« Vous serez heureux d'apprendre qu'à la suite de cette affaire, il est nommé sous-lieutenant ; il a bien gagné ses galons par sa conduite, etc..... B^on DE CHARETTE. »

Un mot encore sur le drapeau de Mentana et sur la fin de sa glorieuse odyssée non entièrement étrangère — on le va voir — aux choses qui précèdent.

Ce drapeau avait été offert par le Pape qui l'avait remis lui-même aux mains de ses fidèles zouaves, au camp de Porto d'Anzzio (2 mai 1862) ; plus tard, au milieu des trames révolutionnaires de 1867, il avait échappé à une odieuse tentative de rapt heureusement avortée ; il avait enfin reçu le baptême du feu dans les champs glorieux de Mentana ; à tous ces titres, ce drapeau était cher au corps d'élite chargé de le défendre envers et contre tous, et bien décidé à ne le point rendre à l'ennemi !

Or, après la *vaillante* occupation de Rome par les *soixante-dix mille* soldats de Victor-Emmanuel (c'était le 20 septembre 1870, précisément à l'heure des immenses désastres de la nation trop généreuse qui avait si étourdiment taillé au *galant-homme* son royaume d'Italie), les zouaves pontificaux, objet d'une capitulation particulière, furent embarqués à Civita-Vecchia, sur la frégate française l'*Orénoque*.

Et « le 25 septembre, qui était un dimanche, après la messe célébrée par leur aumônier « sur le pont du navire, les zouaves se rassemblèrent autour de leur colonel. Le capitaine « de Fumel déploya le drapeau du régiment, qu'il avait emporté en le cachant dans les « plis de sa ceinture, et après avoir salué une dernière fois ce glorieux drapeau *troué des* « *balles de Mentana*, les zouaves se le partagèrent. Chacun voulut en emporter un fragment « et garder sur son cœur cette relique, talisman de la foi, du courage et de l'honneur. » (La campagne des zouaves pontificaux en France par M. S. Jacquemont, p. 19.)

Le porte-drapeau du jour de Mentana n'était pas là ; d'autres rigoureux devoirs l'avaient cloué loin de ses anciens compagnons d'armes ; mais celui d'entr'eux qui l'avait remplacé dans l'honneur de son emploi sut plaider chaudement la cause, sa fidèle amitié, disait même « les *droits* » de l'absent ; et l'absent dut avoir aussi sa part de la *relique*.

Et, plus tard, lorsque le brave lieutenant Eusèbe Bergeron eût succombé lui-même dans la lutte nationale, ce fut son frère Jules, le glorieux mutilé de Mentana, qui se chargea de remettre, aux mains de l'ami commun, ce legs précieux qui n'est pas seulement aujourd'hui un souvenir, mais un *témoin !*

---

(1) « *J'applaudis* à la blessure du drapeau, etc. » — Lettre du général de Ladmirault, 10 novembre 1867.

(2) « Rome, 11 novembre, 8 h. 19 min. du m. Georges en parfaite santé. Aura son épaulette. CHARETTE. »

Très-Saint-Père, envers vous, débiteur impuissant,
Je n'osais essayer un vers reconnaissant ;
Comment remercier le Pontife et le Père
Qui, de l'auguste main que le monde vénère,
Attachait sur le cœur de mon heureux enfant
Du jour de Mentana l'insigne triomphant ?
Mais voici qu'une voix vient de se faire entendre :
« *Sursùm corda*, » dit-elle ; et moi j'ai dû comprendre
Que, sur l'aile du cœur, ma faiblesse pouvait
Monter jusqu'à la sphère où la voix m'appelait.
Très-Saint-Père, aussitôt, avec l'espace immense
S'agrandit l'horizon de ma reconnaissance,
Et, pour vous l'exprimer désormais dignement,
Sur un mode plus haut j'ai su dire comment,
Sous un simple joyau, votre main paternelle,
Cachant le gage sûr de la vie éternelle,
Préparait à mon fils le facile chemin
De la gloire immortelle et du bonheur sans fin.

Hinc victoria.

I

Mon fils, lorsque la main du Juste
Qui confiait naguère à ton cœur de soldat
Le drapeau de sa cause auguste
Attache sur ce cœur le prix du bon combat,
Enfant ! sais-tu pourquoi cette croix m'est si chère ?
Si, du passé, pour toi, c'est un grand souvenir,
Dans cet emblème saint des douleurs du Calvaire,
Rassuré désormais, j'ai lu ton avenir.

II

Des indignes plaisirs, mon fils, jamais l'amorce
N'entraînera ta noble ardeur
Dans le honteux sentier qui mène au déshonneur.
Contre un souffle mortel, de même que l'écorce
Du jeune arbre défend et protége le bois,
Ainsi te gardera ta Croix.

III

Jamais, non, non, jamais, les tristes défaillances
N'arriveront jusqu'à ton cœur ;
A sa porte trouvant du véritable honneur
Le signe qui t'oblige à toutes les vaillances,
Elles reculeront devant ce que tu dois,
Chrétien, au respect de la Croix.

IV

Et si jamais, mon fils, les puissants de la terre
Osaient t'offrir le faux honneur
Pour le lâche abandon du drapeau du Seigneur,
Jette un regard, un seul, sur la livrée austère,
Et trace sur ton front, avant de faire un choix,
Le signe sacré de la Croix.

V

Aussitôt, raffermi par ce gage infaillible
Des espérances du chrétien,
Qui fut, à Mentana, ta force, ton soutien,
Et, sur le vrai devoir, désormais inflexible,
Du Dieu crucifié n'écoutant que la voix,
Tu seras vainqueur par la Croix.

VI

Et puis enfin, mon fils, emporté sur les ailes
De l'ange qui garda tes jours,
Dans le Ciel des élus, triomphant pour toujours,
Tu recevras le prix que les âmes fidèles
Attendent de Celui qui, « régnant par le bois, »
Sauva le monde par la Croix.

VII

Ainsi dans ce joyau, qui n'est pour le vulgaire
Que le signe et le prix de l'honneur militaire,
L'œil plus sûr de la foi voit un plus noble but,
Gardant pour le chrétien les arrhes du salut ?

Ce salut par la croix, ah ! daignez, très-Saint-Père,
Daignez en accorder le gage à ma prière ;
Et pour que votre fils sorte toujours vainqueur
Des luttes de l'esprit et des combats du cœur,
En nous bénissant tous, que vos mains paternelles
Fassent pleuvoir sur lui, des hauteurs éternelles,
Tous les dons achetés par le sang, qu'autrefois
Le Christ, mourant pour l'homme, a versé sur la croix.

La page blanche qui me reste encore semble m'inviter à y écrire un supplément qui ne devra paraître ici ni une superfétation ni un hors-d'œuvre.

En effet, les vers suivants m'ont été

inspirés, eux aussi, par une croix gagnée, comme la première, à la défense d'une sainte cause et qui, non moins que son aînée, oblige à marcher

« TOUJOURS DROIT. »

DEO GRATIAS

Nunc dimittis.

Mon Dieu ! quand, sur mes fils, vous préleviez la *dixme* (1)
Qui de ma vie entière a flétri le bonheur,
Sur ceux qui me restaient interrogeant l'abîme
De vos profonds desseins, je vous disais : « Seigneur !
« Si vous me les gardez, aux sources maternelles
« Puiseront-ils le lait des chrétiens et des forts ?
« Sauront-ils bien apprendre, aux leçons paternelles,
« Les devoirs de leur temps ? Dans leurs constants efforts
« N'auront-ils qu'un seul but, ne pas perdre la trace
« Du chemin « toujours droit, » ce chemin de l'honneur,
« Qu'une double devise (2) indique à notre race ?
Ce que je souhaitais, vous l'avez fait, Seigneur !
En la double patrie affirmant leur croyance,
De la cause de Dieu, de la cause du droit,
De la foi (3), du pays (4) ils ont pris la défense ;
Je puis mourir ..... ceux là marcheront « toujours droit. »

St-H., 18 novembre 1871.

(1) HENRI, mon deuxième fils, mort à 17 ans ; MAURICE, mon troisième fils, mort à 11 ans.

(2) *Recta Sequens* était la devise de la famille de ma huitième aïeule.

(3) GEORGES, soldat aux zouaves pontificaux, 23 janvier 1861 ; — caporal, sergent, fourrier, sergent-major, adjudant sous-officier, sous-lieutenant, lieutenant, 14 décembre 1867 ; — *Ceprano*, 4 août 1862 ; — *Nerola*, octobre 1867 ; — citation à *Mentana*, 4 novembre 1867 ; — chevalier de l'ordre de Pie IX, 1er décembre 1868.

(4) RAYMOND, soldat au 2e bataillon de la garde nationale mobile de l'Indre, 2 septembre 1870 ; — caporal, sergent, lieutenant au 2e bataillon, 27 octobre 1870 ; — campagnes de la Loire et de l'Est ; — citation à *Chagey*, 15 janvier 1871 ; — chevalier de l'ordre de la Légion-d'Honneur, 18 novembre 1871.

POITIERS

LE BLANC

SANS TACHE COMME LUI

HERAUDIERE JAMAIS EN
ERAUDIE
ARRIERE